살바도르 달리

클레망스 시몽 글 · 사라 룰렌도 그림 | 이세진 옮김

비룡소

1904년

그림을 사랑한

살바도르 달리는 1904년 5월 11일에 에스파냐(스페인) **카탈루냐** 지방의 도시, 피게레스에서 태어났어요. 4년 뒤에는 동생이 태어나 식구가 더 늘었지요.

살바도르는 집안의 왕이었어요. 어머니와 할머니는 그가 하자는 대로 뭐든지 해 주었지요. 딱 하나, 부엌에 들어가는 것만 빼고요! 그랬기 때문에 살바도르는 **여섯 살 때** 요리사가 되고 싶다는 꿈을 꾸었는지도 몰라요. 그리고 이 무렵에 **처음으로 그림을 그렸지요.** 첫 그림은 풍경화였는데 꽤 잘 그렸답니다. 가족들은 살바도르의 재능에 깜짝 놀랐지요!

여름이면 살바도르네 가족은 가까운 바닷가 마을인 카다케스에서 지냈어요.
바다 위로 솟은 크레우스곶의 바위들이 그의 눈에는 괴물이나 사람 얼굴처럼 보였지요.
살바도르는 상상력이 풍부했거든요!

1916년

열두 살이 되던 해 여름, 살바도르는 이웃에 사는 화가인 라몬 피초트의 집에 놀러 갔어요. 그 집에서 **인상파***를 처음 알게 되었어요. 인상파는 1800년대 말에 프랑스를 중심으로 활동한 화가들인데, 미술에 엄청난 변화를 일으켰지요.

인상파를 만나다!

살바도르는 그런 인상파 화가들을 따라 하고 싶었어요. 그래서 피초트의 집 식당에서 크리스털로 만든 물병의 뚜껑을 훔쳤지요. 섬세하게 다듬어진 유리 뚜껑을 눈에 대면 사물의 윤곽은 흐리지만 다양한 빛과 색으로 가득한 세상이 보였거든요. 인상파 그림처럼 말이에요!

「사이프러스가 아름답게 우거진 칼라 난스」
1921년경, 캔버스*에 유채*, 40×52cm, F. 다자-M. 아리스티 컬렉션, 에스파냐 칼라펠

살바도르 달리는 여기서 인상파 화가들처럼 짧은 붓 자국을 썼어. 인상파들은 빛에 따라 변하는 순간을 표현하기 위해 사물의 선과 모양보다 순간의 색을 중요하게 생각했거든.

카다케스의 풍경을 담은 이 그림을 그린 게 겨우 열일곱 살 무렵이야. 고향인 카탈루냐가 그에게 많은 영감을 주었지!

1922년

미술 학교에서 쫓겨나다

살바도르는 청소년기 내내 그림에 온 힘을 쏟았어요. 대상을 여러 시점과 입체 도형으로 표현하는 **입체파*** 같은 새로운 미술에도 관심이 아주 많았답니다.

아버지는 아들도 자기처럼 법률 서류를 다루는 일을 하기를 바랐지만, 살바도르를 에스파냐의 수도 **마드리드의 미술 학교**에 보내 주었어요. 단, 교사 자격증을 반드시 따야 한다는 조건으로요. 살바도르는 그렇게 하겠다고 약속했지만, 정작 학교에 들어가서는 딴판으로 행동했지요. 그는 재주가 뛰어났지만 튀기를 좋아했어요. 규칙도 잘 따르지 않았고요. 그래서 학교에 들어간 지 1년 만에 벌을 받았고, 나중에는 쫓겨나고 말았지요!

살바도르도 입체파 화가들처럼 여러 물건을 작품에 붙이곤 했어. 여기에는 신문을 붙였네? 《뤼마니테》는 노동자를 위한 평등한 사회를 만들자고 주장하는 신문이야.

자신의 모습을 담은 이 그림을 그릴 때는 열아홉 살이었어. 부족함 없는 집에서 자랐지만 스스로를 공장 작업복을 입은 가난한 노동자로 그렸지.

「《뤼마니테》가 있는 자화상」
1923년, 마분지에 템페라*, 유채, 콜라주*, 105×75cm,
피게레스 시청(갈라-살바도르 달리 재단 영구 임대), 에스파냐 피게레스

1923년

무서운 아버지

살바도르는 고향 피게레스로 돌아왔어요. **아버지**는 아들에 대한 걱정이 많았지요. 살바도르는 그런 아버지를 좀 무서워했어요. 그렇지만 아버지에게 자신이 위대한 화가가 될 재능이 있다는 걸 보여 주고 싶었지요!

살바도르는 가족을 모델로 삼아 그림을 그리기 좋아했어요. 아버지가 모델을 서면 아버지의 넓은 어깨와 큰 손을 그림에 옮겼지요. 그는 자기가 본 대로 아버지를 그렸어요. **근엄하고 서슬 퍼런 모습**으로요!

이 무렵 살바도르 달리는 다른 화가들의 그림을 비슷하게 따라 그리면서 그들의 기법을 배웠어. 이 작품은 앵그르를 따라 한 거야. 앵그르는 살바도르 달리보다 124년 먼저 태어난 프랑스 화가지.

그는 여기서 인체를 멋지게 표현하기 위해 길게 늘인 앵그르처럼 아버지의 신체 비율을 실제 모습과 다르게 그렸어.

「내 아버지의 초상」
1925년, 캔버스에 유채, 104.5×104.5cm, 국립 카탈루냐 미술관, 에스파냐 바르셀로나

1926년

식탁으로 모여라!

살바도르가 특별히 좋아했던 또 다른 주제는 **음식**이었어요. 어릴 때부터 요리의 세계는 자석처럼 그를 끌어당겼거든요.

살바도르는 먹거리들을 그리기 시작했어요. 그림에 달걀, 성게, 강낭콩, 빵 따위가 나왔지요. 그것들의 공통점이 뭐냐고요? 겉은 단단하지만 속은 부드럽다는 거죠. 살바도르는 이렇게 성질이 서로 다른 것이 대비되는 게 마음에 들었대요!

살바도르 달리는 껍질은 바삭바삭하지만 속은 보들보들한 빵에 사로잡혔지. 그래서 빵을 그리고, 조각하고, 빵으로 모자까지 만들었어.

이 그림은 진짜 사진 같지? 아주 사실적이고 고전적인 방법으로 빵을 그렸어. 그는 늘 우리를 깜짝 놀라게 한다니까!

「빵 바구니」
1926년, 목판에 유채, 31.7×31.7cm, 살바도르 달리 미술관, 미국 세인트피터즈버그

1929년

초현실주의자 친구들

살바도르는 그림에만 관심을 두지 않았어요. 스물네 살 때인 1928년에 미술 학교 때 친구인 루이스 부뉴엘과 「안달루시아의 개」라는 영화를 만들었지요. 부뉴엘이 프랑스에 살고 있었기 때문에 이 영화는 프랑스의 수도인 파리에서 촬영했어요.

살바도르는 이 영화를 찍다가 파리의 **초현실주의*** 작가들과 만나게 됐어요. 그들은 꿈이나 환상 같은 세계를 작품으로 만드는 예술가들이었지요. 꿈과 환상은 부뉴엘과 살바도르의 영화에서도 다루고 있는 주제예요.

살바도르는 이듬해 여름을 카다케스에서 보내면서 파리에서 만났던 친구들을
초대했어요. 그중에는 시인 폴 엘뤼아르와 그의 아내 **갈라**도 있었지요.
그런데 살바도르와 갈라가 서로 첫눈에 반해 버렸답니다!

1930년

어엿한 초현실주의자

갈라는 남편과 헤어지고 살바도르와 함께 카다케스 근처 **이가트** 항구의 작은 집으로 갔어요. 그곳은 살바도르와 갈라가 쉴 수 있는 곳이었지요. 그래도 두 사람은 자주자주 파리에 가서 초현실주의자 친구들을 만나곤 했어요.

프랑스의 시인 앙드레 브르통은 『초현실주의 제2선언』의 삽화를 살바도르에게 부탁했어요. 그는 초현실주의 예술가들의 목표와 방법을 담은 책에 그림을 그려 넣었어요. 이제 살바도르는 어엿한 **초현실주의자**가 된 거죠.

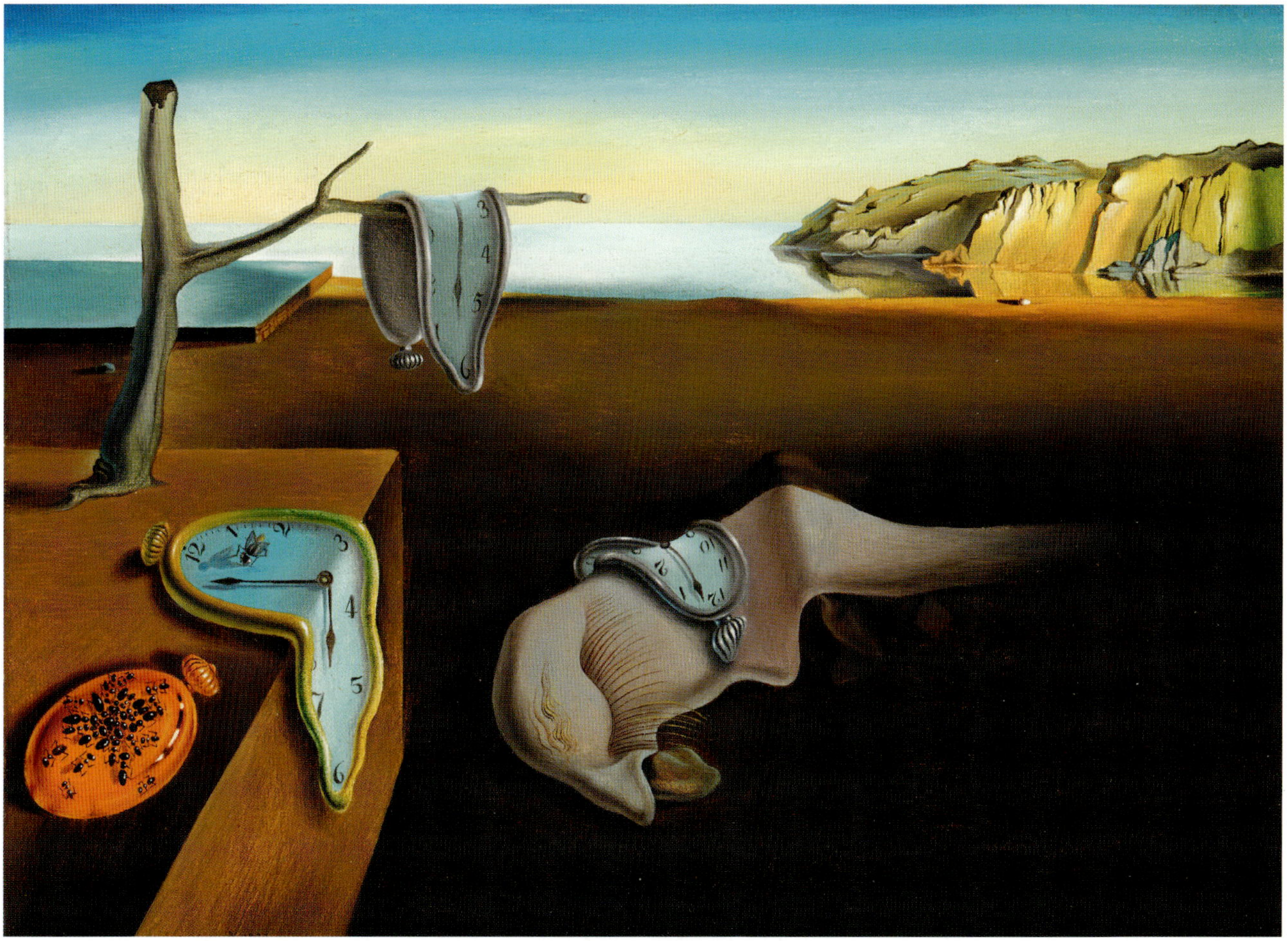

「기억의 지속」
1931년, 캔버스에 유채, 24.1×33cm, 뉴욕 현대 미술관, 미국 뉴욕

흐물거리는 시계, 바닥에 놓인 감은 눈 등 뭔가 낯설고 논리에 안 맞는 것들로 가득한 이 그림은 살바도르 달리의 작품 중에서 가장 유명해. 그는 이 그림으로 주목받기 시작했어.

시간을 멈추려는 것처럼 흘러내리는 저 시계들 좀 봐. 무르다 못해 주르르 흐르는 카망베르 치즈에서 아이디어를 얻어 그렸대.

1935년

초현실주의를 일상으로!

서른한 살이 된 살바도르는 벌써 유명했어요. 전시회를 많이 열었고 그림도 잘 팔렸지요. 그는 양옆으로 뻗어 나가는 독특한 수염을 기르고, 잠수복과 헬멧 차림으로 강연을 하는 등 엉뚱한 행동을 많이 했어요. 사람들은 그런 **괴짜** 같은 모습을 재미있어 했지요.

살바도르와 친구들은 초현실주의가 사람들의 일상에 파고들기를 바랐어요.
그래서 일상에서 쓰는 물건들로 일상적이지 않은 예술 작품을 만들었지요!
예를 들면 살바도르는 전화기에 바닷가재를 올려놓고는 재미있어했어요.
왜 하필 전화기와 바닷가재냐고요? 둘 다 입으로 가져가는 물건이라서요.
아, 물론 쓰임새는 전혀 다르지만요!

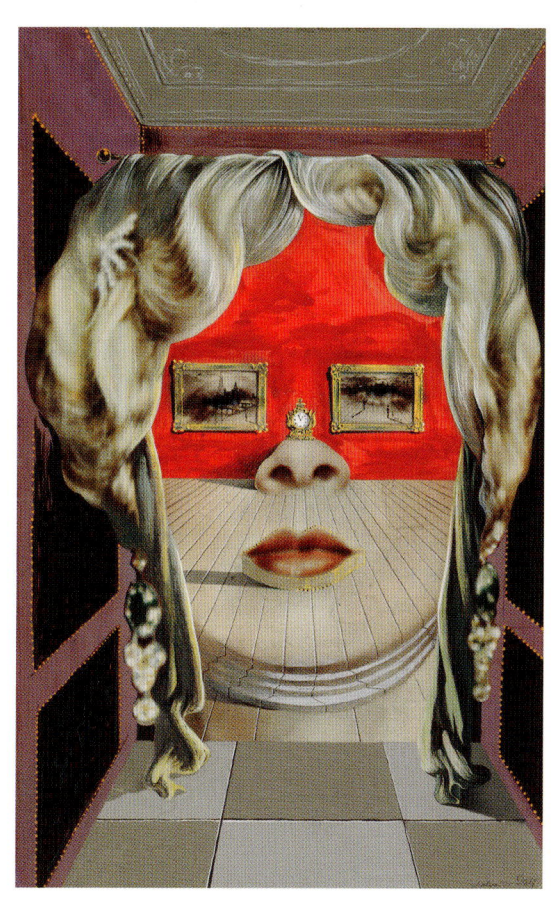

「(초현실주의자의 아파트에 쓰일 수 있는)
메이 웨스트의 얼굴」
1934-1935년, 잡지 인쇄지에 구아슈*와 흑연,
28.3×17.8cm, 시카고 미술관, 미국 시카고

살바도르 달리는 입술 모양 소파를 상상했어. 1936년에는 실제로 만들었지. 입술의 모델은 미국 영화배우 메이 웨스트였어. 매혹적인 인기 여배우에게서 영감을 얻었던 거야.

「바닷가재 전화기」
1938년, 플라스틱과 금속,
20.9×31.1×16.5cm, 미니애폴리스
미술관, 미국 미니애폴리스

1937년

잠과 꿈을 그림으로

살바도르는 예전부터 **잠**과 **꿈**에 관심이 많았어요. 잠을 자는 동안에 우리는 엉뚱하고 기발한 이야기와 장면을 꿈꾸지요. 논리와 경험에 상관없이 자유롭게 말이에요. 살바도르는 종종 숟가락을 손에 들고 낮잠을 잤어요. 숟가락이 툭 바닥에 떨어지면 깨어나 꿈속의 아이디어를 건질 수 있었거든요.

살바도르는 잠이라는 주제를 온갖 형태로 표현하려고 노력했어요. 그러다 마침내 잠을 그림으로 나타냈지요!

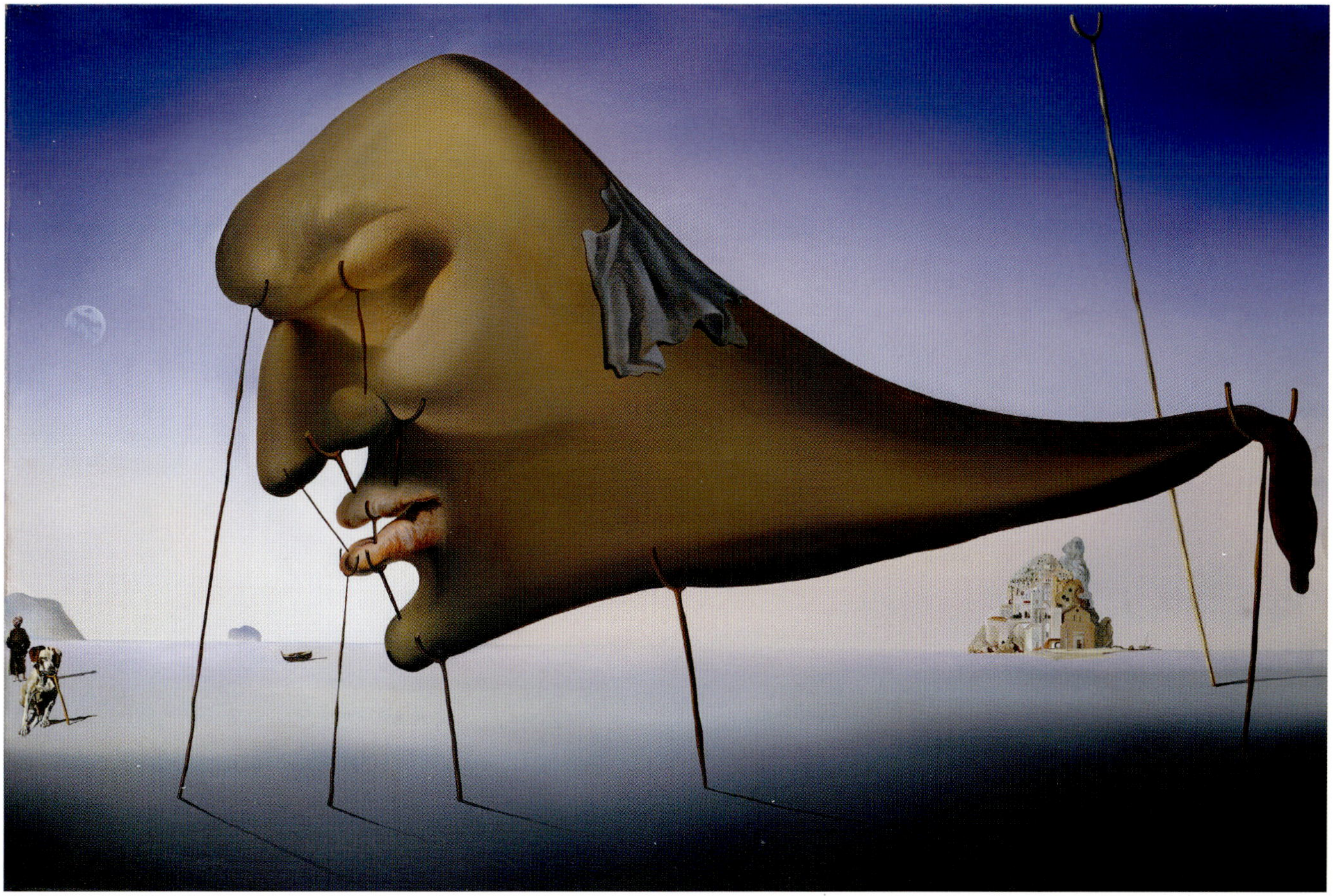

「잠」
1937년, 캔버스에 유채, 51×78cm, 개인 소장

맞아, 살바도르 달리는 잠을 저런 거대한 얼굴로 상상했지. 눈을 꼭 감은 잠을 기다란 받침대들이 지탱하고 있는 거 보이지? 저 받침대들은 현실을 상징해.

잠이 들 때 가끔 떨어지는 것 같은 느낌이 들잖아? 그는 저 받침대가 부러지기 때문에 그런 거라고 상상했어!

1938년

두 이미지를 한 번에!

1930년대 말에 살바도르는 자신이 만든 새로운 표현 방식을 더욱 발전시켰어요. 그는 하나의 이미지가 갑자기 다른 이미지로 바뀌어 보이는 **이중 이미지**를 만들었지요.

살바도르의 그림은 마치 속에 겹겹이 다른 인형이 들어 있는 러시아 인형 마트료시카 같아요. 자세히 잘 봐야만 하는 부분이 생각보다 많아서, 그림을 꼼꼼히 봐야만 하지요. 오른쪽의 「이미지 사라지다」라는 작품에서 알 수 있듯이, 첫눈에 보이는 게 다가 아니랍니다.

처음에는 편지를 읽는 여인이 보여. 살바도르 달리가 무척 좋아한 네덜란드 화가 페르메이르의 그림이 떠오를 거야.

그러다 문득 여기서 남자의 얼굴이 보인단 말이지. 콧수염과 턱수염을 기른 이 남자는 벨라스케스야. 벨라스케스 역시 달리가 사랑한 에스파냐의 화가야.

「이미지 사라지다」
1938년, 캔버스에 유채, 56.5×50.5cm, 갈라-살바도르 달리 재단, 에스파냐 피게레스

1940년

달러 욕심쟁이

1939년, 유럽에서 많은 나라들이 전쟁을 벌이며 제2차 세계 대전이 일어났어요. 다음 해 서른여섯 살이 된 살바도르는 전쟁을 피해 갈라와 함께 **미국**으로 건너갔어요.

1941년에는 미국인들에게 살바도르의 작품을 소개하는 큰 전시가 곳곳에서 열렸어요. 전시는 크게 성공했고, 엄청난 돈을 내고서라도 그에게 작품을 주문하려는 사람들이 많아졌어요. 살바도르는 신분이 높거나 부유한 사람들끼리 어울리는 사교계에도 발을 들였어요. 그 모습을 본 앙드레 브르통은 살바도르 달리(Salvador Dali)에게 '달러 욕심쟁이(Avida Dollars)'라는 별명을 붙였어요. 이름 알파벳 순서를 교묘하게 바꾼 거예요.

그림 가운데에 있는 코카콜라가 보이니? 살바도르 달리는 미국을 상징하는 일상적인 상품을 그림에 집어넣었어. 이런 방식은 훗날 팝 아트*로 유명해진단다.

자, 여러 사람이 콜라병을 둘러싸고 있어. 셋은 백인이고 하나는 흑인이야. 미국 사회의 불평등을 한 번쯤 생각하게 하지.

「미국의 시」
1943년, 캔버스에 유채, 116×79cm,
피게레스 시청(갈라-살바도르 달리 재단 영구 임대), 에스파냐 피게레스

25

1943년

할리우드의 인기 스타

미국에서 살바도르는 다른 사람과 함께 하는 프로젝트 작업을 많이 했어요. 부자들의 초상화를 그리거나, 옷과 장신구를 디자인하고, 발레 공연의 무대를 만들기도 했지요. 세계에서 가장 유명한 **할리우드**의 영화 제작사들도 살바도르에게 손을 내밀었어요!

영화감독 앨프리드 히치콕은 「스펠바운드」라는 영화에서 주인공의 꿈 장면을 촬영하기 위한 장치를 살바도르에게 맡겼지요.

만화 영화 제작자 월트 디즈니도 그에게 단편 만화 영화를 맡겼어요. 살바도르는 「데스티노」라는 만화 영화를 구상했어요. 하지만 이 작품은 비용이 많이 들어 꽤 오랫동안 만들어지지 못했답니다.

살바도르에게 이런 작업들은 자기가 좋아하는 주제를 큰 화면에서 다루고 더 많은 사람들에게 보여 줄 수 있는 기회였어요.

1945년

유럽에서 시작된 제2차 세계 대전은 미국이 일본의 나가사키와 히로시마에 엄청난 파괴력을 지닌 원자 폭탄을 떨어뜨리면서 끝이 났어요. 살바도르는 이 끔찍한 사태를 보며 '원자'에 관심을 갖게 되었고, 또다시 자신만의 새로운 표현 방식을 떠올렸지요.

바로 **종교**의 주제를 **과학**과 섞는 거예요. 그걸 어떻게 하느냐고요? 살바도르는 신이 어디에나 있다고 생각했어요. 과학에서는 물질을 눈에 보이지 않을 정도의 가장 작은 조각으로 쪼갠 것을 원자라고 해요. 그는 원자에도 신이 있다고 생각했어요. 그걸 그림으로 보여 주려고 했지요.

28

살바도르 달리는 기독교의 성인인 성모 마리아를 원자로 그렸어. 성모를 이루는 원자가 폭발해서 둥근 공과 뾰족한 뿔 모양으로 둥둥 떠 있지.

이 그림은 원자를 통해 과학을, 라파엘로 그림 속 성모를 통해 종교와 르네상스* 미술의 거장을 아우르지. 그의 세 가지 관심사를 하나로 뭉친 거야.

「최고 속도의 라파엘로의 성모」
1954년경, 캔버스에 유채, 81×66cm, 레이나 소피아 국립 미술관, 에스파냐 마드리드

1958년

대형 그림을 그리면서!

원자라는 한없이 작은 것에 파고들었던 살바도르는 이제 크고 넓게 보기 시작했어요. 1958년부터는 웅장하고 거대한 작품들을 구상했지요.

쉰네 살이 된 살바도르는 처음으로 **역사화**를 그리기 시작했어요. 1800년대 말까지는 역사적인 장면이나 인물을 그린 역사화가 가장 중요한 그림으로 여겨졌어요. 오로지 역사화만 대형 그림으로 그렸지요. 살바도르는 그런 역사화에 자기만의 개성을 발휘했고, 언제나 재미있는 걸 좋아하는 그답게 갈라를 그림에 등장시켰답니다!

이 그림은 에스파냐 역사를 그린 여러 작품 중 하나야. 크리스토퍼 콜럼버스가 아메리카 대륙에 도착한 것은 에스파냐 역사에서 중요한 순간이거든. 여기서 탐험가는 새로운 땅의 젊음을 상징하는 청년으로 그려져 있어.

「크리스토퍼 콜럼버스의 아메리카 대륙 발견」
1958-1959년, 캔버스에 유채, 410.2×310.1cm, 살바도르 달리 미술관, 미국 세인트피터즈버그

1969년

좋아하는 것들을 모아 방대한 그림으로

예순다섯 살 무렵, 살바도르는 자기가 가장 좋아하는 주제들을 거대한 한 편의 그림에 모았어요. 그 그림이 바로 **「환각을 유발하는 기마 투우사」**예요.

살바도르의 삶과 예술이 모두 이 작품에 나타나 있어요! 영감을 주는 연인 갈라, 어릴 적 보던 크레우스곶의 바위, 고대의 조각상 밀로의 비너스, 이중 이미지들……. 그 모든 것이 해군복을 입은 어린 살바도르의 눈앞에 펼쳐지지요. 그는 자신의 풍부한 작품 세계를 보여 주기 위해 피게레스에 자신의 박물관을 열기로 마음먹었어요!

거장의 무르익은 실력을 보여 주는 작품이야! 초대형 작품인데도 각 부분이 엄청 자세하거든. 그는 이 그림을 12개의 캔버스로 나누어서 그렸대.

가장 눈에 들어오는 것은 밀로의 비너스지. 무려 28번이나 그려져 있어!

「환각을 유발하는 기마 투우사」
1969-1970년, 캔버스에 유채, 398.7×299.7cm, 살바도르 달리 미술관, 미국 세인트피터즈버그

1974년

달리 극장 박물관은 1974년에 문을 열었어요. 그의 작품과 수집품 외에도 거대한 달걀들이 서 있는 담장, 얼굴 모양 방 등 놀라운 것들이 가득하지요. 건물 장식부터 작품 배치까지 모두 살바도르가 디자인한 곳으로, 박물관 자체가 거대한 작품이에요.

살바도르는 이제 일흔 살이 되었고, 자기 작품으로 가득한 박물관도 있었지요. 그래도 그림을 그리고 싶은 마음은 여전했어요!

살바도르는 어릴 적부터 늘 **위대한 화가들**을 우러러보았어요. 그래서 1989년에 세상을 떠날 때까지 페르메이르, 미켈란젤로, 벨라스케스, 라파엘로, 밀레, 레오나르도 다빈치의 그림을 자기 방식대로 재해석해서 그렸답니다.

그렇게 살바도르는 자신의 우상들을 이해하고 기렸어요. 또 하나 그가 바라는 건 거장들의 비결을 발견하는 거였죠!

2000년대

살바도르 달리가 등장하면서 예술가는 이제 그림을 그리거나 조각을 새기는 데 그치지 않고 **이야깃거리**를 만들게 되었어요!

살바도르 달리는 언제나 놀라운 소문의 주인공이었어요. 광고나 화보에 출연했고, 큰 개미핥기를 끌고 산책을 나갔으며, 표범처럼 생긴 야생 동물과 함께 카메라 앞에서 포즈를 잡았어요. 심지어 자기가 천재라고 주장하는 책도 썼어요.

위로 솟은 콧수염과 기상천외한 행동을 보면 사람들은 살바도르 달리를 떠올렸지요. 스스로 **캐릭터**를 만든 거예요. 달리를 따라 하는 예술가들도 생겼어요. 자신의 예술이 사람들의 입에 오르내리게 하려고 기꺼이 자기 자신이 이야깃거리가 되는 거죠.

살바도르 달리의 작품을 볼 수 있는 곳

에스파냐에서는 피게레스의 달리 극장 박물관과 이가트 항구에 있는 달리의 집에서 그의 작품을 만날 수 있어요.

프랑스 파리의 퐁피두 센터에도 살바도르 달리의 초현실주의 작품들이 있지요. 파리에 있는 달리 미술관도 이 거장의 작품을 300점 이상 전시하고 있고요.

살바도르 달리의 대표작 「기억의 지속」을 감상하고 싶다면, 미국의 뉴욕 현대 미술관을 방문해야 해요. 미국 플로리다에 있는 세인트피터즈버그에도 살바도르 달리 미술관이 있답니다. 그의 작품을 열렬히 좋아하는 수집가 부부가 만든 곳이에요.